AF311328

EXPLICATION

DES

DÉTAILS HISTORIQUES

CONTENUS

DANS LES TROIS TABLEAUX DE BATAILLES

DE M. LE GÉNÉRAL BARON LEJEUNE,

EXPOSÉS CETTE ANNÉE AU SALON DU MUSÉE ROYAL DES ARTS,
SOUS LES N°s. 1119, 1120 ET 1121.

Prix : 5o cent.,

AU PROFIT DES PAUVRES,

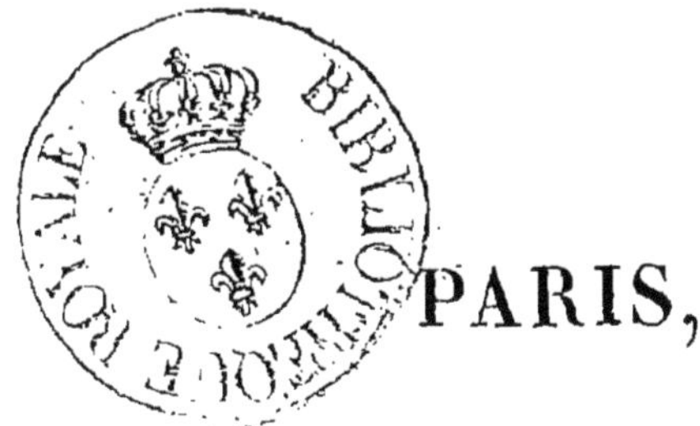

PARIS,

Chez DAUVIN, Libraire, rue du Carrousel, n°. 4,
à côté du Musée.

1824.

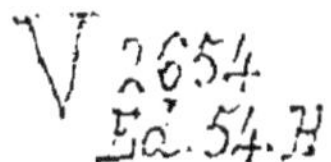

C. BALLARD, IMPRIMEUR DU ROI,
rue J.-J. Rousseau, n°. 8.

AVIS.

L'AUTEUR, en composant les trois tableaux de batailles qu'il expose au Salon
cette année, n'a pas eu d'autre but que
celui de tirer de l'oubli plusieurs actions
honorables qui se sont passées autour de
lui. C'est un hommage qu'il veut rendre
à la vaillance et à la générosité de ses
compagnons d'armes; et pour rappeler un
ensemble de faits plus glorieux, il a choisi
le point de départ de nos conquêtes, le
premier passage du Rhin, et les deux con-
séquences de cette première victoire, qui
nous a conduits, du centre aux deux bouts de
l'Europe, vers l'Asie, et vers l'Afrique (1).

Les détails de ces trois compositions
étaient trop longs pour être placés dans le

(1) Il considère ces trois tableaux comme un cadre
dans lequel il fera entrer les ouvrages qu'il a faits pré-
cédemment sur ses campagnes en Europe, et dont se
compose sa galerie, toute à la gloire de notre armée.

livret du Salon, qui explique déjà plus de deux mille ouvrages, et l'absence de ces détails historiques, faisant manquer le but de l'auteur, il espère les mieux faire connaître en en faisant imprimer la notice (1).

Il l'enverra, autant que possible, aux personnes qui l'ont comblé de preuves d'intérêt, lorsqu'un assassin lui brisa les deux mains, il y a trois ans, afin de saisir cette occasion de leur exprimer sa reconnaissance, et il fera vendre le reste au profit des pauvres, pour que les autres personnes que ces détails peuvent intéresser puissent se les procurer.

(1) Une notice un peu longue, comme celle-ci, ne rend pas un tableau meilleur ; mais elle instruit le spectateur de détails historiques qu'il ne connaît peut-être pas ; elle le met à même de juger comment l'auteur en a rendu la pantomime, et elle le tire de l'embarras où serait, par exemple, un homme peu versé dans l'histoire, qui, voyant un guerrier macédonien sur son lit, boire avec confiance le breuvage que lui présente un médecin, ne pourrait pas deviner le trait magnanime d'Alexandre.

PREMIER

PASSAGE DU RHIN,

PRÈS DE DUSSELDORFF, DANS LE DUCHÉ DE BERG,

LE 6 SEPTEMBRE 1795.

APRÈS de vains efforts pour obtenir la paix, la France, qui avait conquis la Hollande, et reculé ses limites jusqu'au Rhin, se vit forcée de porter la guerre d'invasion au-delà de ce fleuve, et le général en chef Jourdan fut chargé de cette grande entreprise.

Le général Dejean (1), commandant du génie à l'armée de Sambre-et-Meuse, fit préparer en secret en Hollande tous les bateaux nécessaires à cette opération. Les plus grands, furent disposés de manière à en former des

(1) Le comte Dejean, pair de France, celui dont la vie illustre et pure, fait dire à ceux qui veulent dépeindre son noble caractère : *il est beau comme l'antique!* et le général du génie Léry, qui était aussi à cette affaire, viennent de terminer leur honorable carrière. L'auteur se hâtait d'achever cet ouvrage, pour les faire jouir de ces souvenirs; mais il eut la douleur de perdre ces deux respectables amis, au moment où il allait leur offrir ce plaisir.

ponts, les autres servirent à jeter les premières troupes sur la rive droite, défendue par l'armée autrichienne. Pour cacher à l'ennemi le point de l'attaque principale, et pour protéger les fausses attaques, il fit construire des batteries sur le rivage entre Neuss, Urdingen et Ekelkampe. C'est le dernier point que le tableau représente (1).

Ces préparatifs furent achevés en peu de jours, et la nuit du 5 au 6 septembre, que le déclin de la lune devait éclairer le moins, fut désignée pour l'exécution.

Le général Lefèvre (2), à la tête de la division d'avant-garde, se jeta le premier sur la rive droite. D'abord il y surprit l'ennemi; mais bientôt ses régimens, embarrassés dans l'obscurité au milieu d'une épaisse forêt, s'entre-choquaient sans se reconnaître.

Pendant ces combats, les troupes passaient rapidement. Au lever du soleil, on put les ral-

(1) Ce point de passage est à 15 lieues environ de celui où la cavalerie de Louis XIV traversa à la nage. La profondeur du fleuve y est si grande aujourd'hui, qu'elle rendrait cette action incroyable si son lit n'avait pas changé depuis cette époque.

(2) Le même qui est devenu maréchal. Il commandait alors la colonne infernale, ainsi nommée par l'ennemi, qui était renversé partout où se présentait cette colonne, dont les soldats portaient des plumets de crin rouge flottant comme des flammes.

lier, et l'on aborda les lignes formidables où l'ennemi nous attendait.

A huit heures, les ponts étaient achevés, et avant midi toute l'armée avait débouché dans les plaines du duché de Berg. L'audace française mit les Autrichiens en déroute ; on les poussa jusqu'au-delà de Dusseldorff, et cette ville tomba le même jour en notre pouvoir (1).

L'auteur, s'étant trouvé à cette bataille, a composé son tableau des diverses scènes dont il a été acteur ou témoin. Il en donne ici l'explication.

Sur la rive gauche, au milieu des troupes qui attendent le moment de passer, le général en chef Jourdan indique sur une carte les mouvemens qu'il ordonne.

Le général Kléber (2), après avoir harangué ses soldats, et se trouvant privé de ses aides-de-camp qui viennent d'être blessés, charge l'auteur de porter ses ordres.

(1) Elle y resta pendant dix-huit ans, et fut administrée par M. le comte Beugnot que l'on y regrette encore.

(2) C'est là que le général Kléber, recevant l'ordre de suspendre le passage, et de le remettre au lendemain, parce que la lune jettait trop de clarté, répondit, avec un ton bien propre à animer ses soldats : *Si la lune me gêne, allez dire que je ferai l'eclipse et que nous passerons.*

Le général Dejean, en dirigeant les travaux du passage, est appuyé sur son jeune fils
qui assistait alors à sa première bataille.

En attendant leur tour d'aller combattre,
quelques officiers parcourent une feuille nou-
velle du *Moniteur*. Elle leur apprend que le
père de l'un d'eux, et les parens de quelques
autres ont perdu la vie sur l'échafaud révolutionnaire. Prêts à verser leur sang pour la patrie, cette ingratitude les met au désespoir. Ils
allaient briser leurs épées ; mais le tambour
les appelle, ils iront vaincre au lieu de se ven-
ger (1).

Des soldats apportent le général Damas blessé
à la jambe (2).

Vers la gauche, les femmes des matelots
hollandais donnent des secours aux prisonniers
et aux blessés. Le capitaine Pajol (3), aide-de-
camp de Kléber, blessé au bras, se trouve dans
ce groupe.

Parmi les prisonniers que les barques ramè-
nent, se trouvent plusieurs émigrés de la lé-

(1) Le même exemple de dévoûment à la patrie avait été donné
par le général Moreau, lorsque son père fut décapité.

(2) Celui qui est inspecteur général de la gendarmerie.

(3) Il est devenu un de nos lieutenans généraux de cavalerie
les plus distingués.

gion de Rohan (1), un des soldats qui les ont désarmés (Jean Delille), reçoit l'ordre de les conduire au quartier-général. Au jour, et sur le point de débarquer, sa surprise est extrême, lorsqu'il a le bonheur de reconnaître son père parmi les prisonniers qu'il escorte. Tous deux sont attendris, et le fils se précipite dans les bras de celui que peut-être il a blessé lui-même dans la mêlée de la nuit.

Les lois condamnaient à mort les émigrés pris les armes à la main; mais nos soldats, trop généreux pour exécuter ces lois terribles, traitèrent ces prisonniers avec humanité. Plusieurs même leur donnèrent quelques parties de leurs vêtemens pour les déguiser, et les ayant ainsi cachés dans leurs propres rangs, leur sang ne fut pas répandu (2).

(1) Les tolpaches de Rohan, cavalerie légère, habillés en vert, avec des manches rouges.

(2) Dans l'hiver de 1794, en Hollande, l'auteur lui-même a été assez heureux pour sauver et secourir des émigrés, dont plusieurs sont à Paris. Le 3 mars 1796, le général Hatry l'a fait mettre quarante-huit heures en prison, à Dusseldorff, pour avoir favorisé l'évasion d'un émigré caché long-temps, à son insu, dans la maison qu'il habitait, et auquel il ne put permettre d'y rester après l'avoir découvert. Il ne cite pas ce fait pour s'en faire un mérite, les sentimens qui l'animaient ayant été ceux de tous ses camarades; mais il saisit cette occasion de rappeler que l'esprit révolutionnaire qui a fait commettre tant de crimes n'a jamais

*

Un de ces émigrés, des environs de Toulouse, demanda ce que signifiait le faisceau de baguettes peint sur notre drapeau. L'officier du peloton répondit, en montrant la devise de ce faisceau : *l'union fait la force* ; à quoi l'émigré se hâta de répliquer, en montrant sa cocarde blanche, et dans l'accent gascon : *hé bien! citoyen, céci vous réunirait bien mieux qué vos baguettes !*.... Cette différence d'opinon n'empêcha pas les officiers de se cottiser (1) avec empressement pour les secourir dans leur malheur. Celui qui leur remit notre offrande, se déroba modestement à leur reconnaissance. On voyait même dans les rangs nos jeunes soldats refuser avec simplicité les remercîmens de ceux auxquels ils sauvaient la vie.

Sur le bord du fleuve, on voit les chevaux de hallage employés à remonter les bateaux jus-

infecté l'armée, où le plus pur amour de la patrie a régné long-temps avec le plus noble désintéressement, d'honneurs, de grades et de fortune.

(1) Les officiers français de tous grades ne recevaient alors que 8 francs par mois et des assignats sans valeur : une de ces collectes, offerte par M. le capitaine du génie Bontemps, n'en fut pas moins de plus de 25 louis, tant cet élan était unanime et généreux.

Vaillans, infatigables, modestes, obéissans et désintéressés, tels ont été ceux qu'on nomme les officiers de la révolution, auxquels l'auteur adresse ces souvenirs.

qu'au point où ils peuvent traverser le courant à force de rames.

Le pavillon aux bandes horizontales tricolores, est celui des sept provinces bataves, représentées par un lion tenant sept flèches réunies.

BATAILLE DE CHICLANA,

LE 24 MARS 1811.

L'ÎLE de Léon était entourée du côté de la terre par les travaux que l'armée française avait élevés pour entreprendre le siége de Cadix ; et les bombes du Trocadéro tombaient dans cette ville dont elles inquiétaient les habitans. Le général anglais Graham, voulant leur rendre la sécurité, entreprit de faire lever le siége, et profita du moment où la plus grande partie des assiégeans avait été appelés en Estramadure.

Dans ce dessein, il réunit, le 24 mars, une armée de six mille Anglais et de vingt mille Espagnols ; et, partant de Tarifa, il marche rapidement pour surprendre les lignes françaises.

Déjà ses avant-postes étaient dans les bois de Chiclana, lorsque le maréchal duc de Bellune put être instruit de ce mouvement inattendu.

Malgré la difficulté de rassembler à la hâte des troupes éparses sur une ligne de plus de trois lieues d'étendue, le maréchal, à la tête de sept mille hommes seulement, attaque l'ennemi, en dirigeant le général Leval sur Santi-Pétri, le général Villate sur la tour de Barossa, et cherche lui-même avec la division Rufin à prendre l'ennemi à dos.

La hardiesse de ce mouvement déconcerte ceux de l'ennemi, le force à se tirer, par des efforts de courage, du mauvais pas où il s'est engagé; et tandis que la colonne espagnole, refoulée sur la plage, n'a plus d'autre espoir que celui de se retirer dans Cadix, les Anglais, pressés de toutes parts, exécutent vaillamment plusieurs charges de cavalerie, et à la baïonnette pour protéger leur marche, et nous font acheter cher la victoire.

Le tableau, représente la charge qu'eut à soutenir le 96e. régiment, dont le colonel, M. Meugarneau, fut tué. Ce fut là que le général Rufin reçut un coup mortel. Son cheval, qu'il ne dirigeait plus, l'emporta dans les rangs anglais, où il mourut prisonnier deux mois après (1).

Nos troupes étaient en si petit nombre pour combattre tant d'ennemis, que l'on n'avait pas assez de monde pour garder les prisonniers. Dans cet embarras, les soldats les obligeaient

(1) Les anglais lui firent d'honorables funérailles dans l'île de Wight, auxquelles l'auteur assista lorsqu'il fut conduit prisonnier en Angleterre.

à se coucher par terre pour les empêcher de fuir ou de prendre part au combat. On voit parmi eux un officier, dont la fierté se refuse à prendre la posture humiliante à laquelle on veut le contraindre.

Au milieu de la vive canonnade qui emportait les files, la vivandière Bellerose, noble exemple du courage des femmes, méprisant les dangers qui peuvent l'atteindre, parcourait les rangs et ranimait les soldats exténués de fatigues. En leur donnant son eau-de-vie, elle leur disait gaîment : tiens, bois, tu me paiera demain, et les assurait ainsi qu'ils y seraient encore.

Les points remarquables que l'on voit dans ce tableau sont, vers la droite, la pointe de Rota, le port Sainte - Marie ; au centre, la ville de Cadix, les forts de la Cortadura, de Pontalès, de Métagorda, le Trocadéro, et la ville de Léon ; à gauche, la tour Barossa, le fort Santi-Pétri à l'embouchure du canal de ce nom. Si du même côté la toile était plus étendue, on apercevrait la côte d'Afrique et la tour de Ceuta. Les arbres et les plantes sont : le liége, le chêne vert et l'olivier, la vigne, l'aloès, le géranium, etc.... La vue est d'après nature.

BATAILLE
DE LA MOSKOWA,

LE 7 SEPTEMBRE 1812.

DANS la journée de la Moskowa, cent mille Français, à six cents lieues de leur patrie, battirent cent quarante mille Russes, aux portes de leur capitale, sur un champ de bataille que ceux-ci avaient fortifié par des redoutes. La plus considérable, celle du centre, contenait quarante bouches à feu.

Le général Bonamy l'avait enlevée vers les onze heures du matin ; mais forcé de céder à des attaques continuelles, ce général tomba percé de vingt coups de baïonnettes, et les Russes y rentrèrent à midi. Ce fut le général Caulincourt qui la reprit vers quatre heures avec sa division de cuirassiers.

Cet événement ayant déterminé la victoire, l'auteur l'a représenté après y avoir combattu.

La vue est d'après nature (1).

(1) La gauche, vers Borodino, et la droite, où se trouvaient le corps du maréchal Ney, le corps du maréchal Davoust et le

Le maréchal Ney venait de prendre toutes les redoutes de la droite, en chargeant le premier à la tête de son corps d'armée; mais il ne pouvait plus avancer sans que nous fussions maîtres de la position formidable qui dominait le centre de notre ligne.

Depuis trois heures, nos succès, déjà brillans sur les ailes, étaient suspendus, et toute l'armée souffrait de ce retard, lorsque le général Belliard, par une heureuse inspiration, ordonne à une colonne de cuirassiers de faire une fausse attaque sur l'ennemi qu'il avait devant lui, et de rabattre au galop sur la redoute dès qu'il l'aura dépassée, afin d'y entrer par la gorge qui n'était pas fermée.

Cette manœuvre s'exécute avec une adresse admirable. La plus terrible mêlée fait élever à l'instant des tourbillons de poussière et de fumée dans la redoute. Tous les corps russes qui se dévouent pour la reprendre sont renversés; les braves cuirassiers en restent les maîtres, et voient avec douleur qu'elle a servi de

quartier-général de Napoléon, avec sa garde, ne sont pas vus dans ce tableau. L'on y aperçoit cependant le champ de bataille du prince Poniatowski, à l'extrémité du grand coude que formait notre aile droite.

tombeau à leur jeune et intrépide chef, le général Caulincourt.

La division du général Gérard arrive au pas de course pour soutenir ce beau mouvement. L'ennemi, dirigeant alors tous ses feux sur ce point, ne peut nous en déloger, et il est bientôt forcé de hâter sa retraite sur Moskou par Mojaïsk.

L'auteur introduit ici quelques-unes des scènes qui ont eu lieu pendant la bataille.

Le prince Eugène, voulant reconnaître lui-même les forces que l'ennemi cachait dans le ravin, derrière la redoute, s'expose presque seul au milieu des Russes; il est aussitôt poursuivi par un immense houra de cavalerie qui cherche à l'envelopper. Il se réfugie dans un de ses régimens qui formait à la hâte le carré. Le prince demande : « *Où suis-je?* » et le colonel lui répond avec le ton de la confiance qu'il avait dans sa troupe : « *Dans le 84me., Monseigneur, où vous êtes en sûreté comme au Louvre!* »

Le vaillant Murat donne des ordres à la cavalerie qu'il commandait en chef.

Le prince Berthier, à qui l'on amène le général russe Sokoreff, lui rend son épée. Le soldat qui l'a fait prisonnier dit, en lui frappant familièrement sur l'épaule : « *C'est bien : il en est digne, car j'ai eu bien de la peine à la lui prendre.* »

Sur le même plan, le général Pajol a le bras cassé par un éclat d'obus.

Le général Morand, pendant que le docteur Larrey (1) panse la blessure qu'il vient de recevoir, se montre moins sensible à sa propre douleur qu'à la perte de son frère qu'on a déposé mourant à ses côtés.

Le comte de Lariboissières s'est rendu à l'ambulance pour y faire les derniers adieux à son fils atteint d'un coup mortel. Son cœur paternel l'attache à la main défaillante du fils qu'il va perdre ; mais son devoir le rappelle à la tête

___

(1) Le même auquel Napoléon a légué 100,000 francs, avec cette note honorable : *c'est le plus honnête homme que je connaisse....* lui qui en connaissait tant !..

Dans la campagne de Saxe, après les victoires de Lutzen et Bautzen, on vit dans les hôpitaux plus de trois mille blessures aux pouces ou à l'index, qu'il était aisé de reconnaître pour des mutilations volontaires, dans le but d'obtenir le renvoi du service. Le baron Larrey fut chargé de faire un rapport qui mit à même de faire passer ces hommes à des commissions militaires, pour en faire des exemples terribles et arrêter ce mal. Le courage et l'humanité avec lesquels il se refusa aux ordres impératifs qui lui furent donnés plusieurs fois à ce sujet, fit la plus vive impression sur l'Empereur, le dissuada de son projet, et ne fit qu'ajouter à la haute opinion que mille autres faits lui avaient donnés de la vertu du docteur Larrey.

de l'artillerie qu'il commande en chef. Pendant ces adieux déchirans, un officier apporte au mourant la récompense des braves que l'Empereur a détachée de sa poitrine pour la lui envoyer. Deux mois après, le respectable vieillard expira de la douleur que lui causa cette perte.

Des dragons apportent le général Montbrun qui vient d'être tué.

Une obus enflammée tombe dans un groupe de prisonniers; le grenadier chargé de les garder va de sang-froid la repousser, pour éloigner un danger qui menace ces ennemis désarmés.

Des troupes passent au gué, et sur des ponts de chevalets, le ruisseau le Kologa qui fortifie la position des Russes.

Le village en flammes est celui de Sirkovo. La ligne des feux qui se voient derrière l'incendie est notre extrême droite, commandée par le prince Poniatowsky.

La colonne de fumée noire est produite par l'inflammation d'un baril de goudron que les Russes emploient à graisser les roues de leur artillerie.